养成教育

第一册 下

总主编　郭齐家
高广立

日新其德　日勤其业　臻于至善

济南出版社　汉唐书局

图书在版编目（CIP）数据

养成教育．第一册 下 / 郭齐家，高广立主编．—济南：济南出版社，2021.12

ISBN 978-7-5488-4427-3

Ⅰ．①养… Ⅱ．①郭… ②高… Ⅲ．①养成教育—小学—课外读物 Ⅳ．① G621

中国版本图书馆 CIP 数据核字（2021）第 251859 号

出 版 人 崔 刚
丛书策划 冀春雨
责任编辑 冀春雨 李家成
专家审读 于述胜
装帧设计 曹晶晶
封面插图 曹晶晶

出版发行 济南出版社
地 址 山东省济南市二环南路1号（250002）
编辑热线 0531-86131747（编辑室）
发行热线 82709072 86131701 86131729 82924885（发行部）
印 刷 山东彩峰印刷股份有限公司
版 次 2022 年 2 月第 1 版
印 次 2022 年 2 月第 1 次印刷
成品尺寸 185 mm × 260 mm 16开
印 张 4
字 数 47 千
印 数 1—5000 册
定 价 12.00 元

编委会

漢唐書局

序 言

2018年9月10日，全国教育大会在北京召开，习近平总书记强调，“要深化教育体制改革，健全立德树人落实机制”，“培养德智体美劳全面发展的社会主义建设者和接班人，加快推进教育现代化、建设教育强国、办好人民满意的教育”，“要给孩子讲好‘人生第一课’，帮助扣好人生第一粒扣子”，“全社会要担负起青少年成长成才的责任”。

文化是教育的命脉，教育是文化的生机。党的十九大报告指出，“文化自信是一个国家、一个民族发展中更基本、更深沉、更持久的力量”，“推动中华优秀传统文化创造性转化、创新性发展，继承革命文化，发展社会主义先进文化，不忘本来、吸收外来、面向未来，更好构筑中国精神、中国价值、中国力量，为人民提供精神指引”。

济南出版社就是以习近平新时代中国特色社会主义思想为指导，高度落实习近平总书记关于教育的一系列重要论述，深度理解中华文化的根源与发展，追本溯源，隆重推出《养成教育》系列图书。本套图书由全国著名养成教育专家联合编写，按照一体化、分学段、有序推进的原则，图文并茂，贴近生活，把中华文化的精神全方位融入一至九年级各学段，其核心目的在于帮助青少年从小树立正确的历史观、民族观、国家观、文化观，培育健全人格，养成良好习惯，永续中华民族的根与魂，做堂堂正正的中国人。

教育不应简单以分数、升学、文凭等作为评价的导向，不应被片面地理解为科学技术知识的传递，还应注重心性的涵养、道德的培育、习惯的养成。

中国传统教育是博雅教育，既包含今天的技术教育、知识教育，又包含艺术教育、身体教育与生命教育等德智体美劳诸方面。其核心是如何使人成为全面发展的人，尤其是有道德的人。其方法是讲究涵泳，就是身临其境，获得一种真切的体会，尤其是让青少年在兴趣的培养中受到熏陶和感悟，在潜移默化中养成乐善好群、敦厚优雅的品行。它不是一种外力强加的道德说教，是真正自觉的自我教育，是生活实践式的，通过点滴积累收获自己的体验，既可以丰富青少年自身，调节性情，又通过青少年的行为影响公共事务与社会风俗。“少成若天性，习惯如自然。”从长远来看，应当把青少年的养成教育放到一定的高度，让青少年自小就能够在中华文化滋养下健康成长。这些内容既是中国传统教育思想的宝贵遗产，也是本套图书编写过程中的重要灵感来源。

2021 年 7 月 1 日，在庆祝中国共产党成立 100 周年大会上，习近平总书记强调：“新时代的中国青年要以实现中华民族伟大复兴为己任，增强做中国人的志气、骨气、底气，不负时代，不负韶华，不负党和人民的殷切期望！”我衷心期望《养成教育》系列图书的出版，能为新时代青少年的成长“培根”“铸魂”“打底色”，在收获丰富的传统本源文化知识的同时，培育他们高尚的德行、大爱的胸怀、善念的种子，并且提升为人处世、应事接物的能力，增添一份亲切而厚重的民族自豪感、文化认同感，绵绵用力，久久为功，为实现中华民族的伟大复兴凝聚智慧和贡献力量。

郭齐家

2021 年 7 月于北京回龙观寓所

目录

wǒ hé huì běn jiāo péng you
1. 我和绘本交朋友

xiǎo péng yǒu men huì běn gù shi xuàn lì duō cǎi huì běn yuè dú bù jǐn kě
小朋友们，绘本故事绚丽多彩，绘本阅读不仅可
yǐ zēng jiā wǒ men de cí huì liàng hái kě yǐ zēng qiáng wǒ men de kǒu yǔ biǎo dá
以增加我们的词汇量，还可以增强我们的口语表达
néng lì ràng wǒ men hé huì běn jiāo gè péng you ba
能力，让我们和绘本交个朋友吧。

故事在线

wáng chōng bó lǎn qún shū
王充博览群书

wáng chōng shì dōng hàn zhù míng de sī xiǎng
王充是东汉著名的思想
jiā zhé xué jiā cóng xiǎo kù ài dú shū
家、哲学家，从小酷爱读书。
kě shì wáng chōng jiā tài qióng le mǎi bù qǐ
可是王充家太穷了，买不起
shū yú shì tā biàn jīng cháng dào jiē shì shang
书，于是他便经常到街市上
de shū fāng qù kàn shū bú lùn yán xià hái
的书坊去看书。不论炎夏，还
shi hán dōng wáng chōng měi tiān dōu huì zǎo zǎo de
是寒冬，王充每天都会早早地

dào dá shū fāng　zī zī bú juàn de dú shū
到达书坊，孜孜不倦地读书。

jí shì shang fēi cháng cáo zá　jiào mài shēng bù jué yú ěr　dàn tā dōu tīng ér
集市上非常嘈杂，叫卖声不绝于耳，但他都听而

bù wén　yǎn lǐ zhǐ kàn de jiàn shū　jiù zhè yàng　tā dú wán yì jiā shū fāng lǐ de shū
不闻，眼里只看得见书。就这样，他读完一家书坊里的书

hòu　yòu pǎo dào lìng yì jiā shū fāng qù dú　jǐ nián xià lái　tā jī hū dú biàn le jiē
后，又跑到另一家书坊去读。几年下来，他几乎读遍了街

shì shang suǒ yǒu shū fāng lǐ de shū　jī lěi le dà liàng zhī shi　ér qiě tā de jì xing
市上所有书坊里的书，积累了大量知识。而且他的记性

yě hǎo　kàn guo de shū　tā dōu néng bèi sòng xià lái　jiǔ ér jiǔ zhī　jiù jīng tōng
也好，看过的书，他都能背诵下来，久而久之，就精通

le bǎi jiā xué shuō　hòu lái　wáng chōng huā le sān shí duō nián shí jiān　wán chéng le jù
了百家学说。后来，王充花了三十多年时间，完成了巨

zhù　lùn héng　zhè běn shū bèi shì rén chēng wéi qí shū
著《论衡》，这本书被世人称为奇书。

wáng chōng yuè dú le dà liàng shū jí　wèi tā hòu lái wán chéng jù zhù dǎ xià le
王充阅读了大量书籍，为他后来完成巨著打下了

jiān shí de jī chǔ
坚实的基础。

xiǎo péng yǒu men　shū jí kě yǐ wèi wǒ men dǎ kāi yí shàn tōng xiàng shì jiè
小朋友们，书籍可以为我们打开一扇通向世界

de chuāng hu　yě huì wèi wǒ men yǐ hòu de xué xí dǎ xià liáng hǎo de jī chǔ
的窗户，也会为我们以后的学习打下良好的基础。

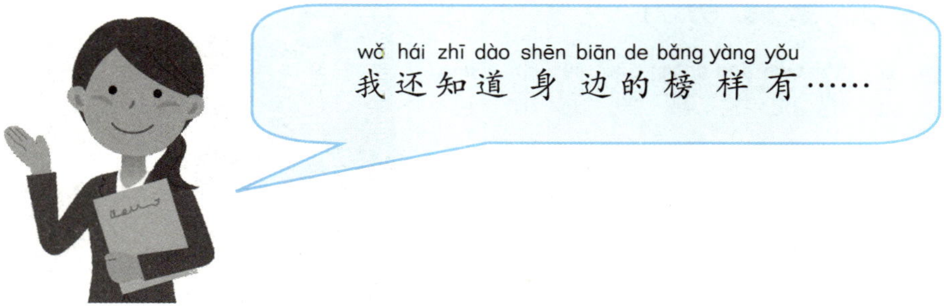

名言伴我行

wǒ yào shì zhe bèi xià lái
我要试着背下来。

shì yù xuān qí yì，bì xiān dú qí shū
士欲宣其义，必先读其书。

hàn wáng fú qián fū lùn zàn xué
——汉·王符《潜夫论·赞学》

hào dú shū，bù qiú shèn jiě，měi yǒu huì yì，biàn xīn rán wàng shí
好读书，不求甚解，每有会意，便欣然忘食。

jìn táo yuān míng wǔ liǔ xiān sheng zhuàn
——晋·陶渊明《五柳先生传》

xún xù ér jiàn jìn，shú dú ér jīng sī
循序而渐进，熟读而精思。

sòng zhū xī dú shū zhī yào
——宋·朱熹《读书之要》

dú shū guì shén jiě，wú shì shǒu zhāng jù
读书贵神解，无事守章句。

qīng xú hóng jūn shū huái
——清·徐洪钧《书怀》

我们在行动

xiǎo péng yǒu men，zhèng què yuè dú huì běn de fāng fǎ yǒu nǎ xiē ne？ràng wǒ men yì qǐ lái kàn yi kàn ba
小朋友们，正确阅读绘本的方法有哪些呢？让我们一起来看一看吧。

kàn fēng miàn kàn fēng miàn shang huà le shén me，biāo tí xiě le shén me，zuò zhě shì shéi。cāi yi cāi huì běn jiǎng de shì shén me nèi róng。yǎng chéng liáng hǎo de yuè dú xí guàn
1. 看封面。看封面上画了什么，标题写了什么，作者是谁。猜一猜绘本讲的是什么内容。养成良好的阅读习惯。

xiān kàn měi yí yè de tú piàn kě yǐ jié
2. 先看每一页的图片。可以结
hé tú piàn nèi róng xiān lái cāi yi cāi gù shi de nèi
合图片内容，先来猜一猜故事的内
róng zài yuè dú guò chéng zhōng péi yǎng guān chá lì
容，在阅读过程中培养观察力
hé zhuān zhù lì
和专注力。

dú wán fǎn sī tí wèn bǐ rú zhǔ rén gōng qù zuò shén me le
3. 读完反思提问。比如：主人公去做什么了？
nǐ zuì xǐ huan nǎ ge zhǔ rén gōng ne rú guǒ zhè jiàn shì qing
你最喜欢哪个主人公呢？如果这件事情
fā shēng zài nǐ de shēn shang nǐ huì zěn me zuò ne
发生在你的身上，你会怎么做呢？

xiǎo péng yǒu men ràng wǒ men xuǎn zé shì hé de dú
小朋友们，让我们选择适合的读
běn yòng zhèng què de yuè dú fāng fǎ jiān chí měi tiān yuè
本，用正确的阅读方法，坚持每天阅
dú xiāng xìn dà jiā dōu huì yǎng chéng liáng hǎo de yuè dú
读，相信大家都会养成良好的阅读
xí guàn
习惯。

知识链接

好书推荐

一、《西西》

这是一个相当热闹的故事，热闹得让人情不自禁地想加入其中。踢毽子、跳房子、丢沙包、荡秋千……而且，每一样都有很多人参与其中。这一些游戏是多么令人开心啊，欢呼声、大笑声，甚至尖叫声，仿佛会从纸面上传出来，着实勾起了人们对儿时快乐时光的回忆……

二、《好消息 坏消息》

本书通篇只有“好消息”“坏消息”这两个生活中较为常见的词语，描述了小老鼠和小兔子一次意外不断的野餐经历。一开始它们不幸地遇到了下大雨，可好消

xi shì xiǎo tù zi dài le yǔ sǎn hòu lái tā men yòu yù dào
息是小兔子带了雨伞；后来它们又遇到
guā dà fēng xiǎo lǎo shǔ bú xìng de bèi fēng chuī zǒu hòu zhuàng
刮大风，小老鼠不幸地被风吹走后撞
dào shù shang kě hǎo xiāo xi shì zhuàng xià lái yí gè píng
到树上，可好消息是撞下来一个苹
guǒ zhè yì lián chuàn miào qù héng shēng de yì wài shì
果……这一连串妙趣横生的意外事
jiàn ràng xiǎo lǎo shǔ hé xiǎo tù zi shōu huò le zhēn guì de
件，让小老鼠和小兔子收获了珍贵的
yǒu yì yǐ jí xīn lǐ shang de chéng zhǎng
友谊以及心理上的成长。

pǎo pǎo zhèn
三、《跑跑镇》

pǎo pǎo zhèn shang de jū mín dōu xǐ huan kuài pǎo kuài pǎo jiù hěn róng yì shǐ bǐ cǐ
跑跑镇上的居民都喜欢快跑，快跑就很容易使彼此
zhuàng zài yì qǐ xiǎo māo hé xiǎo yīng zhuàng zài yì
撞在一起。小猫和小鹰撞在一
qǐ huì zěn me yàng ne huì shuāi dǎo ma bù tā
起会怎么样呢？会摔倒吗？不，它
men biàn chéng le māo tóu yīng píng guǒ hé hóng bǎo shí
们变成了猫头鹰！苹果和红宝石
zhuàng zài yì qǐ hòu yòu huì fā shēng shén me ne
撞在一起后，又会发生什么呢？

pǎo pǎo zhèn chōng mǎn le chuàng yì hé qù
《跑跑镇》充满了创意和趣
wèi wén zhōng de gù shi huī xié yōu mò gòu sī qiǎo miào nà chū rén yì liào de jié
味，文中的故事诙谐幽默，构思巧妙，那出人意料的结
guǒ cháng cháng ràng rén rěn jùn bù jīn
果常常让人忍俊不禁。

我的收获

kuài lè yuè dú　kuài lè chéng zhǎng
快乐阅读，快乐成长。

阅读记录卡

姓名 ____________

阅读日期	阅读书名	阅读页数	阅读时间	家长签字	阅读评级（涂色）
月　日					
月　日					
月　日					
月　日					
月　日					
月　日					
月　日					
一周的收获					

zhēng zuò yùn dòng xiǎo dá rén
2. 争做运动小达人

nǐ men zhī dào zuò yùn dòng de hǎo chù ma rú guǒ wǒ men měi tiān jiān chí
你们知道做运动的好处吗？如果我们每天坚持
zuò yùn dòng bù jǐn kě yǐ cù jìn shēn tǐ fā yù hái kě yǐ ràng wǒ men měi
做运动，不仅可以促进身体发育，还可以让我们每
tiān dōu jīng shén bǎo mǎn suǒ yǐ zài rì cháng shēng huó zhōng wǒ men yào duō
天都精神饱满。所以，在日常生活中，我们要多
yùn dòng duō duàn liàn shēn tǐ zhēng zuò yùn dòng xiǎo dá rén
运动，多锻炼身体，争做运动小达人。

故事在线

yùn dòng xiǎo chāo rén
运动小超人

dà jiā hǎo wǒ shì pàng dūn dūn wǒ xǐ huan yùn dòng zài yùn dòng shí wǒ hěn kāi
大家好，我是胖墩墩，我喜欢运动，在运动时我很开

xīn kàn wǒ shì bú shì hěn qiáng zhuàng jiù xiàng chāo rén yí yàng
心。看，我是不是很强壮，就像超人一样！
bú guò yǐ qián wǒ yì diǎn er yě bù xǐ huan yùn dòng wǒ tǎo yàn cān
不过，以前我一点儿也不喜欢运动。我讨厌参
jiā xué xiào de yùn dòng huì yīn wèi dà jiā dōu pǎo de hěn kuài wǒ zhuī
加学校的运动会，因为大家都跑得很快，我追
bú shàng wǒ jué de hái bù rú yí gè rén wán suī rán yǒu diǎn wú liáo
不上，我觉得还不如一个人玩，虽然有点无聊。

zhí dào yǒu yì tiān wǒ rèn shi le chāo rén sōu
直到有一天，我认识了超人。“嗖”，
chāo rén pǎo de bǐ shǎn diàn hái kuài chāo rén shì gè dà lì
超人跑得比闪电还快。超人是个大力
shì hún shēn shàng xià yǒu shǐ bù wán de jìn chāo rén shēn
士，浑身上下有使不完的劲。超人身
tǐ hěn líng huó néng fēi dào wū dǐng shang chāo rén zhēn lì hai rú guǒ wǒ néng biàn
体很灵活，能飞到屋顶上。超人真厉害，如果我能变
chéng chāo rén nà gāi duō bàng a
成超人那该多棒啊！

bà ba bà ba wǒ xiǎng dāng chāo rén bà ba gào su wǒ rú guǒ
“爸爸，爸爸，我想当超人。”爸爸告诉我，如果
měi tiān zǒng quán zài shā fā kàn diàn shì wán yóu xì kě bù xíng zhǐ yǒu duō yùn dòng cái
每天总蜷在沙发看电视、玩游戏可不行，只有多运动才
néng biàn de xiàng chāo rén yí yàng wǒ yì tīng dào yào yùn dòng suàn le wǒ bù xiǎng
能变得像超人一样。我一听到要运动，算了，我不想
dāng chāo rén le yīn wèi wǒ pǎo bú kuài ér qiě pǎo yí huì er jiù lèi le
当超人了，因为我跑不快，而且跑一会儿就累了。

bà ba gào su wǒ yùn dòng bù zhǐ shì
爸爸告诉我，运动不只是
pǎo bù hái yǒu tiào shéng dàng qiū qiān qí
跑步，还有跳绳、荡秋千、骑
zì xíng chē zhuō mí cáng tiào fáng zi rēng
自行车、捉迷藏、跳房子、扔
shā bāo pāi pí qiú tiào wǔ bèng chuáng
沙包、拍皮球、跳舞、蹦床、
yóu yǒng jiāo yóu pá shān zhǐ yào néng
游泳、郊游、爬山……只要能
duàn liàn shēn tǐ de dōu shì yùn dòng bà ba yì kǒu qì shuō le hǎo duō hǎo duō yùn dòng
锻炼身体的都是运动。爸爸一口气说了好多好多运动，
wǒ dōu jì bú xià lái le
我都记不下来了。

dào le zhōu mò bà ba mā ma hái jīng cháng dài wǒ qù pá shān jiàn jiàn de wǒ
到了周末，爸爸妈妈还经常带我去爬山。渐渐地，我

fā xiàn zì jǐ pǎo de bǐ yǐ qián kuài duō le　ér qiě cháng gāo le
发现自己跑得比以前快多了，而且长高了

hěn duō　qián jǐ tiān　wǒ hái jiā rù le xué xiào de pān pá duì
很多。前几天，我还加入了学校的攀爬队，

rèn shi le hěn duō hǎo péng you　wǒ men měi tiān dōu zài yì qǐ xùn
认识了很多好朋友。我们每天都在一起训

liàn　hěn kāi xīn
练，很开心！

xiàn zài de wǒ hěn qiáng zhuàng　zài yě bú shì yǐ qián nà ge xiǎo pàng dūn le
现在的我很强壮，再也不是以前那个小胖墩了。

wǒ hái xué huì le hěn duō xīn de yùn dòng　suī rán wǒ méi yǒu chāo rén nà yàng de chāo néng
我还学会了很多新的运动，虽然我没有超人那样的超能

lì　dàn shì dà jiā dōu qīn qiè de jiào wǒ　yùn dòng xiǎo chāo rén　ne
力，但是大家都亲切地叫我“运动小超人”呢！

pàng dūn dūn de jīng lì gào su wǒ men　shēng mìng zài yú yùn dòng
胖墩墩的经历告诉我们，“生命在于运动”，

wǒ men měi tiān dōu yào jiān chí yùn dòng　yùn dòng néng gěi wǒ men dài lái wú qióng
我们每天都要坚持运动。运动能给我们带来无穷

de huó lì　néng gòu zēng qiáng wǒ men shēn tǐ de dǐ kàng lì　néng gòu cù jìn
的活力，能够增强我们身体的抵抗力，能够促进

wǒ men de shēn tǐ chéng zhǎng　tóng shí yě néng gòu duàn liàn měi yí gè rén de
我们的身体成长，同时也能够锻炼每一个人的

yì zhì hé pǐn gé　xiǎo péng yǒu men　ràng wǒ men yì qǐ yùn dòng qǐ lái ba
意志和品格。小朋友们，让我们一起运动起来吧！

名言伴我行

wǒ yào shì zhe bèi xià lái
我要试着背下来。

zhī zhě dòng　rén zhě jìng　zhī zhě lè　rén zhě shòu
知者动，仁者静；知者乐，仁者寿。

lún yǔ　yōng yě
——《论语·雍也》

rén tǐ yù dé láo dòng dàn bú dāng shǐ jí ěr
人体欲得劳动，但不当使极尔。

xī jìn chén shòu sān guó zhì wèi shū huà tuó zhuàn
——西晋·陈寿《三国志·魏书·华佗传》

huó dòng yǒu fāng wǔ zàng zì hé
活动有方，五脏自和。

sòng fàn zhòng yān
——宋·范仲淹

shàn yǎng shēn zhě shǐ zhī néng yì ér néng láo
善养身者，使之能逸而能劳。

sòng sū shì cè bié shí liù
——宋·苏轼《策别十六》

wǒ hái zhī dào yì xiē míng yán
我还知道一些名言：________________

____

____

我们在行动

xiǎo péng yǒu qǐng nǐ xiǎng yi xiǎng shuō yi shuō zì jǐ xǐ huan de yùn dòng yǒu nǎ xiē
小朋友，请你想一想，说一说，自己喜欢的运动有哪些。

tī zú qiú
踢足球

dǎ wǎng qiú
打网球

dǎ pīng pāng qiú
打乒乓球

tiào shéng
跳 绳

tiào wǔ
跳 舞

zhuō mí cáng
捉 迷 藏

pǎo bù
跑 步

wǒ xǐ huan de yùn dòng shì
我喜欢的运动是……

nǐ men hái xǐ huan zuò nǎ xiē yùn dòng， kuài lái fēn xiǎng ba
你们还喜欢做哪些运动，快来分享吧。

知识链接

yùn dòng wēn xīn xiǎo tí shì
运动温馨小提示

zǎo qǐ hòu bù yí jù liè yùn dòng。 zǎo shang qǐ lái， shēn tǐ jīn gǔ hái méi
早起后不宜剧烈运动。早上起来，身体筋骨还没

yǒu wán quán shū zhǎn kāi jiā zhī zǎo shang jiào wéi hán lěng wù mái yě dà suǒ
有完全舒展开，加之早上较为寒冷，雾霾也大，所
yǐ bù yí jù liè yùn dòng fǒu zé huì duì shēn tǐ chǎn shēng bú lì yǐng xiǎng
以不宜剧烈运动，否则会对身体产生不利影响。

yùn dòng shí zhuó zhuāng yào shū shì yì xī hàn yǐ yùn dòng zhuāng
运动时，着装要舒适（易吸汗），以运动装
wéi jiā bù yí chuān de tài guò hòu zhòng fǒu zé yùn dòng bú biàn yě bù yí
为佳。不宜穿得太过厚重，否则运动不便；也不宜
chuān de tài báo fǒu zé róng yì shāng fēng gǎn mào
穿得太薄，否则容易伤风感冒。

rè shēn yùn dòng bù kě shǎo rú guǒ rè shēn bú dào wèi zài yùn dòng
热身运动不可少。如果热身不到位，在运动
zhōng jiù róng yì shòu shāng
中就容易受伤。

yùn dòng guò chéng zhōng hē shuǐ yào shǎo liàng měi cì duō
运动过程中喝水要少量（每次 20～30 ml）多
cì jǐn liàng hē wēn kāi shuǐ yùn dòng guò hòu yě xū yào bǔ chōng shuǐ fèn
次，尽量喝温开水。运动过后，也需要补充水分，
dàn bù yí hē dà liàng liáng shuǐ fǒu zé róng yì dǎo zhì wèi cháng dào jìng luán xiàn xiàng
但不宜喝大量凉水，否则容易导致胃肠道痉挛现象
de fā shēng
的发生。

nǐ men jì zhù zhè xiē wēn xīn xiǎo tí shì le ma
你们记住这些温馨小提示了吗？

zài yùn dòng shí yí dìng yào zhù yì
在运动时一定要注意！

我的收获

xiǎo péng yǒu men xià miàn shì yì zhāng yùn dòng jì lù kǎ kuài ná qǐ bǐ lái jì lù zì jǐ zuò de yùn dòng ba
小朋友们，下面是一张运动记录卡，快拿起笔来记录自己做的运动吧。

运动记录卡

	星期一	星期二	星期三	星期四	星期五	星期六	星期日
第一周	跳绳 	跳舞 					
第二周	踢足球 						
第三周							
第四周							

zǎo shuì zǎo qǐ shēn tǐ hǎo
3. 早睡早起身体好

xiǎo péng yǒu men zǎo shuì zǎo qǐ jiù xiàng shì yáng guāng zhào yào huā duǒ kě
小朋友们，早睡早起就像是阳光照耀花朵，可
yǐ bāng zhù wǒ men jiàn kāng chéng zhǎng hái kě yǐ ràng wǒ men bǎo chí liáng hǎo de jīng
以帮助我们健康成长，还可以让我们保持良好的精
shén zhuàng tài gèng hǎo de qù xué xí xīn de zhī shi tàn suǒ qí miào de shì jiè
神状态，更好地去学习新的知识，探索奇妙的世界。

故事在线

ài shuì lǎn jiào de xiǎo lù
爱睡懒觉的小鹿

xiǎo lù xǐ huan shuì lǎn jiào tài yáng shēng de lǎo gāo le tā hái zài hū hū dà
小鹿喜欢睡懒觉，太阳升得老高了，他还在呼呼大
shuì bù guǎn mā ma zěn me jiào tā tā dōu bù kěn qǐ chuáng hòu lái mā ma gěi xiǎo lù
睡。不管妈妈怎么叫他，他都不肯起床。后来，妈妈给小鹿
mǎi le yí gè xiǎo lù zào xíng de xiǎo nào zhōng xiǎo lù bào zhe
买了一个小鹿造型的小闹钟。小鹿抱着
xiǎo nào zhōng yòu jiào yòu tiào wǒ yǒu xiǎo dì di le
小闹钟又叫又跳：“我有‘小弟弟’了。”
xiǎo dì di bù xǐ huan shuì lǎn jiào de gē ge
“‘小弟弟’不喜欢睡懒觉的哥哥。”
mā ma yì biān shàng fā tiáo yì biān shuō tā míng tiān hái
妈妈一边上发条一边说，“它明天还

yào zǎo zǎo de jiào nǐ qǐ chuáng ne xiǎo lù mō le mō xiǎo nào zhōng xīn zhōng fēi cháng
要早早地叫你起床呢。”小鹿摸了摸小闹钟，心中非常
yí huò tā zěn me shuō huà ya
疑惑：“它怎么说话呀？”

dì èr tiān xiǎo lù shuì de zhèng xiāng tū rán yí zhèn
第二天，小鹿睡得正香，突然，一阵
dīng líng líng de líng shēng bǎ tā jīng xǐng le hā xiǎo nào
“丁零零”的铃声把他惊醒了。“哈，小闹
zhōng jiào wǒ le xiǎo lù kāi xīn de dà jiào qǐ lái
钟叫我了。”小鹿开心地大叫起来。

guò le yí huì er xiǎo nào zhōng bù xiǎng le rèn píng xiǎo
过了一会儿，小闹钟不响了，任凭小
lù zěn me yáo jiù shì bù xiǎng hng nǐ bù xiǎng wǒ jiù zài qù shuì jiào
鹿怎么摇，就是不响。“哼，你不响，我就再去睡觉。”
xiǎo lù yòu zuān jìn le bèi wō
小鹿又钻进了被窝。

mā ma cóng bèi wō lǐ līn qǐ xiǎo lù shēng qì de dǎ tā de pì gu xiǎo nào
妈妈从被窝里拎起小鹿，生气地打他的屁股：“小闹
zhōng xiǎng le hái bù qǐ chuáng méi guò jǐ tiān xiǎo lù jiù kāi shǐ tǎo yàn xiǎo nào
钟响了还不起床！”没过几天，小鹿就开始讨厌小闹
zhōng le wèi le bú ràng xiǎo nào zhōng chǎo xǐng tā tā yòng máo jīn gài zhù xiǎo nào
钟了。为了不让小闹钟吵醒他，他用毛巾盖住小闹
zhōng rán hòu bǎ nào zhōng rēng dào chuáng dǐ xia kàn nǐ hái jiào bú jiào
钟，然后把闹钟扔到床底下：“看你还叫不叫！”

dì èr tiān qīng chén nào zhōng yī rán zhǔn shí dà jiào xiǎo
第二天清晨，闹钟依然准时大叫，小
lù jīng de cóng chuáng shang bèng qǐ lái xiǎo lù bèi xiǎo nào zhōng
鹿惊得从床上蹦起来。小鹿被小闹钟
zhē teng de shuì bù liǎo lǎn jiào zhǐ hǎo zǎo zǎo de qǐ chuáng tā
折腾得睡不了懒觉，只好早早地起床。他
dǎ kāi mén wa yuán lái qīng chén de fēng zhè me qīng liáng
打开门：“哇！原来清晨的风这么清凉，

shù yè shang shǎn yào zhe jīng yíng de xiǎo lù zhū zhēn kě ài lín jiān de xiǎo niǎo chàng
树叶上闪耀着晶莹的小露珠，真可爱！林间的小鸟唱

zhe hǎo tīng de gē qīng chén zhēn de hěn měi miào ne
着好听的歌。清晨真的很美妙呢！”

xiǎo lù pěng zhe xiǎo nào zhōng duì mā ma jū le yì gōng shuō mā ma xiè
小鹿捧着小闹钟，对妈妈鞠了一躬，说：“妈妈，谢

xie nǐ sòng de xiǎo nào zhōng tā ràng wǒ gǎn shòu dào le qīng chén de měi hǎo
谢你送的小闹钟，它让我感受到了清晨的美好。”

xiǎo lù zài xiǎo nào zhōng de bāng zhù xià gǎi diào le ài shuì lǎn jiào de
小鹿在小闹钟的“帮助下”改掉了爱睡懒觉的

huài xí guàn ér qiě zǎo shuì zǎo qǐ yě ràng xiǎo lù kàn dào le qīng chén de měi hǎo
坏习惯，而且早睡早起也让小鹿看到了清晨的美好。

xiǎo péng yǒu men zài shēng huó zhōng wǒ men yě yào jiān chí měi tiān zǎo shuì zǎo qǐ
小朋友们，在生活中我们也要坚持每天早睡早起！

wǒ yào shì zhe bèi xià lái
我要试着背下来。

名言伴我行

rì chū ér zuò rì rù ér xī zhuāng zǐ ràng wáng
日出而作，日入而息。——《庄子·让王》

yì nián zhī jì zài yú chūn yí rì zhī jì zài yú chén
一年之计在于春，一日之计在于晨。

zēng guǎng xián wén
——《增广贤文》

zhāo qǐ zǎo yè mián chí lǎo yì zhì xī cǐ shí
朝起早，夜眠迟。老易至，惜此时。

dì zǐ guī
——《弟子规》

néng kòng zhì zǎo chen de rén fāng kě kòng zhì rén shēng nán huái jǐn
能控制早晨的人，方可控制人生。——南怀瑾

我们在行动

nǐ men zhī dào wèi shén me zǎo shuì zǎo qǐ shēn tǐ hǎo ma
你们知道为什么早睡早起身体好吗？

wèi shén me ne
为什么呢？

dāng wǒ men jìn rù shēn dù shuì mián shí dà yuē shuì hòu xiǎo shí
当我们进入深度睡眠时（大约睡后1小时），
shēn tǐ huì jìn xíng zào xuè yǔ xiū fù gōng zuò wǒ men měi wǎn shuì jiào de shí
身体会进行造血与修复工作。我们每晚睡觉的时
hou shēn tǐ qí shí shì fēi cháng máng lù de duì ér tóng lái shuō shēn tǐ de
候，身体其实是非常忙碌的。对儿童来说，身体的
chéng zhǎng yě shì zài shuì jiào zhōng jìn xíng de chōng zú de shuì mián néng gòu cù
成长也是在睡觉中进行的，充足的睡眠能够促
jìn rén tǐ shēn gāo de zēng zhǎng yǐ jí qí tā qì guān de fā yù
进人体身高的增长以及其他器官的发育。

bái tiān duō shuì yì diǎn kě yǐ mí
白天多睡一点可以弥
bǔ wǎn shuì ma
补晚睡吗？

bù xíng de shēn tǐ de gōng zuò jiù xiàng shàng bān shàng xué yí yàng yǒu guī
不行的。身体的工作就像上班、上学一样，有规
dìng de shí jiān ér qiě shuì mián de gōng xiào shàng bàn yè hé xià bàn yè shì bù
定的时间。而且睡眠的功效，上半夜和下半夜是不
tóng de shàng bàn yè shēn tǐ zhǔ yào jìn xíng zào xuè de gōng zuò yě jiù shì
同的。上半夜，身体主要进行造血的工作，也就是
jiāng yì tiān de shí wù yíng yǎng zhuǎn huàn chéng xuè yè xià bàn yè shēn tǐ zhǔ
将一天的食物营养转换成血液；下半夜，身体主
yào jìn xíng xiū fù zhòng yào qì guān de gōng zuò bái tiān shēn tǐ de gōng zuò zhǐ
要进行修复重要器官的工作。白天，身体的工作只
néng gòu xiāo chú pí láo huī fù jīng shen
能够消除疲劳、恢复精神。

rú guǒ wǒ men cháng qī wǎn shuì de huà shēn tǐ huì zào
如果我们长期晚睡的话，身体会造
xuè bù zú ma hái huì duì shēn tǐ yǒu shén me yǐng xiǎng ne
血不足吗？还会对身体有什么影响呢？

cháng qī wǎn shuì róng yì dǎo zhì dà nǎo gōng xuè bù zú duì shēn tǐ de yǐng xiǎng
长期晚睡容易导致大脑供血不足。对身体的影响
zhǔ yào tǐ xiàn zài shēng zhǎng fā yù chí huǎn jīng shén bú zhèn jì yì lì xià jiàng
主要体现在生长发育迟缓、精神不振、记忆力下降
děng fāng miàn suǒ yǐ yào jiān chí zǎo shuì zǎo qǐ shēn tǐ cái huì yuè lái yuè hǎo
等方面。所以要坚持早睡早起，身体才会越来越好。

xiǎo péng yǒu men liǎo jiě le zhè xiē
小朋友们，了解了这些
zhī shi ràng wǒ men kuài kuài xíng dòng qǐ
知识，让我们快快行动起
lái ba zǎo shuì zǎo qǐ shēn tǐ hǎo
来吧，早睡早起身体好。

知识链接

cháng qī áo yè yǒu wēi hài
长期熬夜有危害

miǎn yì lì xià jiàng
1. 免疫力下降

jīng cháng áo yè kě dǎo zhì miǎn yì
经常熬夜可导致免疫

lì xià jiàng gǎn mào guò
力下降，感冒、过
mǐn de jī lǜ huì zēng jiā
敏的机率会增加。

jì yì lì xià jiàng
2. 记忆力下降

jīng cháng áo yè huì dǎo zhì tóu
经常熬夜会导致头

yūn jiàn wàng jì yì lì
晕、健忘、记忆力
shuāi tuì děng
衰退等。

shì lì xià jiàng
3. 视力下降

áo yè huì dǎo
熬夜会导
zhì yǎn jing gān sè zhǒng zhàng yóu qí
致眼睛干涩、肿胀，尤其
shì wǎn shang cháng shí jiān dīng zhe diàn nǎo
是晚上长时间盯着电脑
huò shǒu jī píng mù huì dǎo zhì yòng yǎn
或手机屏幕会导致用眼
chāo chū fù hè
超出负荷。

qíng xù wèn tí
4. 情绪问题

liáng hǎo de shēn dù shuì mián yǒu
良好的深度睡眠有
zhù yú wěn dìng qíng xù áo yè róng
助于稳定情绪。熬夜容

yì shǐ rén chǎn shēng fù miàn
易使人产生负面
qíng xù
情绪。

yǐng xiǎng gān gōng néng
5. 影响肝功能

wǎn shang diǎn
晚上11点
zhì líng chén diǎn shì gān
至凌晨2点是肝
zàng pái dú de zuì jiā shí qī áo yè
脏排毒的最佳时期，熬夜
huì shǐ gān zàng pái dú shòu dào yǐng xiǎng
会使肝脏排毒受到影响。

cháng wèi wèn tí
6. 肠胃问题

áo yè shí
熬夜时，
wèi cháng dào wú fǎ
胃、肠道无法
xiū xi shí jiān jiǔ le huì dǎo zhì xiāo
休息，时间久了，会导致消
huà bù liáng fù zhàng děng
化不良、腹胀等。

cháng qī áo yè de wēi hài hái yǒu
长 期 熬 夜 的 危 害 还 有……

xiǎo péng yǒu men áo yè bù jǐn huì duì wǒ men de
小 朋 友 们， 熬 夜 不 仅 会 对 我 们 的
shēn tǐ zào chéng bù liáng yǐng xiǎng hái huì shǐ wǒ men jīng
身 体 造 成 不 良 影 响， 还 会 使 我 们 精
lì xià jiàng yǐng xiǎng xué xí suǒ yǐ wǒ men yào zǎo
力 下 降， 影 响 学 习。 所 以， 我 们 要 早
shuì zǎo qǐ bì miǎn áo yè
睡 早 起， 避 免 熬 夜。

我的收获

nǐ men néng jiān chí měi tiān zǎo shuì zǎo qǐ ma rú guǒ néng zuò dào jiù jiǎng lì
你 们 能 坚 持 每 天 早 睡 早 起 吗？ 如 果 能 做 到， 就 奖 励
gěi zì jǐ yì kē xiǎo xīng xing bǐ yi bǐ shéi de xiǎo xīng xing zuì duō ba
给 自 己 一 颗 小 星 星。 比 一 比 谁 的 小 星 星 最 多 吧。

早睡早起身体好

	星期一	星期二	星期三	星期四	星期五	星期六	星期日
第一周	☆		☆				
第二周	☆						
第三周							
第四周							

wǒ men dài shàng hóng lǐng jīn
4. 我们戴上红领巾

xiǎo péng yǒu men xiān yàn de hóng lǐng jīn shì róng yù hé zūn yán zhè shì gé
小朋友们，鲜艳的红领巾是荣誉和尊严，这是革
mìng xiān liè yòng xiān xuè hé shēng mìng rǎn hóng de wǒ men dài shàng tā chéng wéi
命先烈用鲜血和生命染红的。我们戴上它，成为
yì míng yōu xiù de shào xiān duì yuán shí jiù yīng gāi shí kè míng jì zé rèn hé dān
一名优秀的少先队员时，就应该时刻铭记责任和担
dāng zhēng zuò xīn shí dài hǎo duì yuán
当，争做新时代好队员！

故事在线

wǒ yǔ hóng lǐng jīn
我与红领巾

dà jiā hǎo wǒ shì míng ming jīn tiān wǒ hé dà jiā fēn xiǎng yí xià wǒ yǔ hóng lǐng
大家好，我是明明，今天我和大家分享一下我与红领
jīn zhī jiān de gù shi jì de gāng gāng tà jìn xué xiào de dà mén shí wǒ jiù kàn dào gāo
巾之间的故事。记得刚刚踏进学校的大门时，我就看到高

nián jí de dà gē ge dà jiě jie xiōng qián piāo zhe xiān yàn de hóng
年级的大哥哥大姐姐胸前飘着鲜艳的红
lǐng jīn xīn lǐ bù zhī dào yǒu duō me xiàn mù tā men ne nà
领巾，心里不知道有多么羡慕他们呢！那
shí hou zì jǐ jiù zài xiǎng yào shi yǒu yì tiān wǒ yě
时候，自己就在想，要是有一天，我也

néng xiàng tā men yí yàng nà gāi duō hǎo wa
能像他们一样，那该多好哇！

zhōng yú yǒu yì tiān yí wèi dà jiě jie wèi wǒ dài shàng le
终于有一天，一位大姐姐为我戴上了
xīn zhōng xiàng wǎng yǐ jiǔ de hóng lǐng jīn dài zhe wǒ zài duì qí xià
心中向往已久的红领巾，带着我在队旗下
zhuāng yán de xuān shì cóng nà shí qǐ wǒ zhī dào le zì jǐ yǐ jīng
庄严的宣誓。从那时起，我知道了自己已经
shì yì míng shào xiān duì yuán le hóng lǐng jīn shì duì qí de yì jiǎo wǒ men yào yòng wén
是一名少先队员了。红领巾是队旗的一角，我们要用文
míng qù xǐ dí tā yòng xìn yòng qù shǒu hù tā
明去洗涤它，用信用去守护它。

yǒu yì tiān lǎo shī bǎ wǒ jiào dào tā gēn qián wèn wǒ zhè tiáo hóng lǐng jīn dài jǐ
有一天老师把我叫到他跟前，问我：“这条红领巾戴几
nián le lǎo shī zhè hái shi wǒ rù duì shí de nà tiáo hóng lǐng jīn ne wǒ jiāo ào
年了？”“老师，这还是我入队时的那条红领巾呢！”我骄傲
de shuō kàn lái nǐ hěn zhēn xī zhè tiáo hóng lǐng jīn kě shì nǐ kàn zhè tiáo
地说。“看来，你很珍惜这条红领巾。可是，你看，这条
hóng lǐng jīn yǐ jīng hěn pò jiù le yīng gāi ràng yì tiáo wán hǎo de xiān yàn de hóng lǐng jīn
红领巾已经很破旧了，应该让一条完好的、鲜艳的红领巾
piāo yáng zài xiōng qián nǐ shuō duì ma lǎo
飘扬在胸前，你说对吗？”老
shī yǔ zhòng xīn cháng de duì wǒ shuō bìng qiě sòng
师语重心长地对我说，并且送
gěi wǒ yì tiáo zhǎn xīn de hóng lǐng jīn wǒ dài hǎo
给我一条崭新的红领巾。我戴好
hóng lǐng jīn hòu gěi lǎo shī jìng le yí gè lǐ
红领巾后给老师敬了一个礼。

xiǎo péng yǒu men nǐ men shì bú shì yě qī dài xiàng míng míng yí yàng dài
小朋友们，你们是不是也期待像明明一样戴
shàng hóng lǐng jīn ne
上红领巾呢？

名言伴我行

wǒ yào shì zhe bèi xià lái
我要试着背下来。

xián jū fēi wú zhì　gān xīn fù guó yōu
闲居非吾志，甘心赴国忧。

sān guó　cáo zhí　zá shī
——三国·曹植《杂诗》

cháng cè xū dāng yòng　nán ér mò gù shēn
长策须当用，男儿莫顾身。

táng　gāo shì　sòng dǒng pàn guān
——唐·高适《送董判官》

liǎo què jūn wáng tiān xià shì　yíng dé shēng qián shēn hòu míng
了却君王天下事，赢得生前身后名。

sòng　xīn qì jí　pò zhèn zǐ
——宋·辛弃疾《破阵子》

huā luò dàn yú xīn xiàng rì　jiàn mái zhōng yǒu qì gān xiāo
花落但余心向日，剑埋终有气干霄。

qīng　guī zhuāng　yuán rì
——清·归庄《元日》

nǐ zhī dào shàng miàn de zhè xiē míng yán jǐng jù shì shén me yì si
你知道上面的这些名言警句是什么意思

ma　wǒ hái zhī dào de míng yán yǒu
吗？我还知道的名言有：________________________

____

____

我们在行动

liù zhī
六 知

zhī dào shào xiān duì de duì míng zhōng guó shào nián xiān fēng duì
1. 知道少先队的队名：中国少年先锋队。

zhī dào shào xiān duì de chuàng lì zhě hé lǐng dǎo zhě shào xiān duì shì zhōng guó gòng chǎn dǎng chuàng lì hé lǐng dǎo de
2. 知道少先队的创立者和领导者：少先队是中国共产党创立和领导的。

zhī dào shào xiān duì de duì qí wǔ jiǎo xīng jiā huǒ jù de hóng qí
3. 知道少先队的队旗：五角星加火炬的红旗。

zhī dào shào xiān duì de duì huī wǔ jiǎo xīng jiā huǒ jù hé xiě yǒu zhōng guó shào xiān duì de hóng sè shòu dài zǔ chéng shào xiān duì duì huī
4. 知道少先队的队徽：五角星加火炬和写有“中国少先队”的红色绶带组成少先队队徽。

zhī dào shào xiān duì yuán de biāo zhì hóng lǐng jīn
5. 知道少先队员的标志：红领巾。

zhī dào shào xiān duì de zuò fēng chéng shí yǒng gǎn huó pō tuán jié
6. 知道少先队的作风：诚实、勇敢、活泼、团结。

liù huì
六会

huì dài hóng lǐng jīn
1. 会戴红领巾。

huì hū hào shào xiān duì de hū hào shì zhǔn bèi zhe wèi gòng chǎn zhǔ yì shì yè ér fèn dòu
2. 会呼号。少先队的呼号是：“准备着，为共产主义事业而奋斗！”

huì rù duì shì cí
3. 会入队誓词。

huì jìng duì lǐ
4. 会敬队礼。

huì chàng duì gē wǒ men shì gòng chǎn zhǔ yì jiē bān rén
5. 会唱队歌：《我们是共产主义接班人》

huì rù duì shēn qǐng fēn kǒu tóu hé shū miàn liǎng zhǒng xíng shì
6. 会入队申请：分口头和书面两种形式。

yí zuò
一做

gēn jù duì zhāng guī dìng de yāo qiú shào nián ér tóng rù duì qián wèi rén mín zuò yí jiàn hǎo shì
根据队章规定的要求：“少年儿童入队前，为人民做一件好事。”

yào xué xí yí wèi shào nián yīng xióng bǎng yàng
1. 要学习一位少年英雄榜样。

yào yǎng chéng yí gè wén míng de hǎo xí guàn
2. 要养成一个文明的好习惯。

yào wèi jí tǐ zuò yí jiàn hǎo shì
3. 要为集体做一件好事。

yào gǎi zhèng yí gè quē diǎn
4. 要改正一个缺点。

yào zhēng qǔ yì diǎn jìn bù
5. 要争取一点进步。

xiǎo péng you men yǒu guān liù zhī liù huì yí zuò de nèi róng nǐ
小朋友们，有关“六知、六会、一做”的内容你

men jì zhù le ma láo jì zhè xiē zhī shi píng shí yán gé yāo qiú zì jǐ zhēng
们记住了吗？牢记这些知识，平时严格要求自己，争

zuò xīn shí dài hǎo duì yuán
做新时代好队员。

知识链接

zhōng guó shào nián xiān fēng duì
中国少年先锋队

yuè rì shì zhōng guó shào nián xiān fēng duì jiàn duì rì zhōng guó shào nián
10月13日是中国少年先锋队建队日，中国少年

xiān fēng duì shì zài zhōng guó gòng chǎn dǎng lǐng dǎo xià jiàn lì de ér tóng zǔ zhī
先锋队是在中国共产党领导下建立的儿童组织。

cóng nián qǐ zhōng guó gòng chǎn dǎng xiān hòu jiàn lì le láo dòng tóng zǐ tuán
从1924年起，中国共产党先后建立了劳动童子团、

gòng chǎn zhǔ yì ér tóng tuán kàng rì ér tóng tuán děng zhōng huá rén mín gòng hé guó chéng lì
共产主义儿童团、抗日儿童团等。中华人民共和国成立

hòu zhōng guó gòng chǎn dǎng yòu yú nián yuè rì jiàn lì le zhōng guó shào
后，中国共产党又于1949年10月13日建立了中国少

nián ér tóng duì nián yuè gǎi wéi zhōng guó shào nián xiān fēng duì zài duō
年儿童队，1953年6月改为中国少年先锋队。在70多

nián de fēng yǔ zhōng qiān qiān wàn wàn de duì yuán dōu yì zhí zài zhǔn bèi zhe shí kè zhǔn
年的风雨中，千千万万的队员都一直在“准备着，时刻准

bèi zhe wèi gòng chǎn zhǔ yì shì yè ér fèn dòu de kǒu hào shēng zhōng chéng zhǎng bìng
备着，为共产主义事业而奋斗”的口号声中成长，并

wèi cǐ ér bú xiè nǔ lì
为此而不懈努力。

我的收获

xiǎo péng yǒu men xué xí le zhè me duō guān yú hóng lǐng jīn de zhī shi kuài
小朋友们，学习了这么多关于“红领巾”的知识，快

ná qǐ bǐ lái jì lù yí xià zì jǐ de shōu huò ba
拿起笔来记录一下自己的收获吧。

我的收获

5. 保持校园洁净美

校园是我家，爱护环境靠大家。小朋友们，美丽校园需要我们大家一起来建设。这洁净的校园，有你的一份贡献和努力，让我们行动起来，共同营造美丽的校园环境吧！

故事在线

倒霉的小蚂蚁

我是一只小蚂蚁，快乐地生活在一所漂亮的学校里。那儿有花儿陪我说话，有大树为我遮风挡雨，有许多小朋友跟我一起长大。到了晚上，我们经常出来看夜景，非常快乐。可是有一天，悲剧上演了。

记得那一天是蜗牛姐姐的生日，她让我帮忙通知兄弟

jiě mèi men cān jiā tā de shēng rì jù huì
姐妹们参加她的生日聚会。

wǒ chuān shàng xīn yī fu ná shàng qǐng
我穿上新衣服，拿上请
jiǎn gāo gāo xìng xìng de chū fā le fā wán
柬，高高兴兴地出发了。发完
qǐng jiǎn hòu wǒ yì biān chàng zhe gē yì biān xīn shǎng zhe měi lì de xiào yuán zhè shí
请柬后，我一边唱着歌，一边欣赏着美丽的校园，这时
bú xìng de shì qing fā shēng le yí wèi xiǎo péng yǒu bǎ zhuāng de mǎn mǎn de lā jī dài
不幸的事情发生了。一位小朋友把装得满满的垃圾袋
rēng dào le wǒ de tóu shang zhí jiē jiāng wǒ zá yūn le
扔到了我的头上，直接将我砸晕了。

shēng rì jù huì kāi shǐ le kě shì wō niú jiě jie zěn me
生日聚会开始了，可是蜗牛姐姐怎么
yě zhǎo bú dào wǒ xīn lǐ hěn zháo jí yú shì biàn jiào xiōng
也找不到我，心里很着急，于是便叫兄
dì jiě mèi men fēn tóu qù zhǎo wǒ
弟姐妹们分头去找我。

méi guò duō jiǔ yí zhī xī shuài gē ge zài lā jī dài páng zhǎo dào le wǒ bìng
没过多久，一只蟋蟀哥哥在垃圾袋旁找到了我，并
mǎ shàng bǎ wǒ sòng dào yī yuàn wǒ zhōng yú xǐng le guò lái dà jiā dōu sōng le kǒu
马上把我送到医院……我终于醒了过来，大家都松了口
qì kě shì wō niú jiě jie de shēng rì jù huì jiù zhè yàng bù huān ér sàn le
气。可是蜗牛姐姐的生日聚会就这样不欢而散了。

xiǎo péng yǒu zài xiào yuán zhōng qǐng bú yào luàn rēng lā jī bú yào
小朋友，在校园中，请不要乱扔垃圾，不要
wèi le zì jǐ de fāng biàn ér sǔn hài le dà jiā liáng hǎo de xiào yuán huán jìng
为了自己的方便，而损害了大家良好的校园环境。

名言伴我行

wǒ yào shì zhe bèi xià lái
我要试着背下来。

pàn tiān dì zhī měi, xī wàn wù zhī lǐ. —— zhuāng zǐ · tiān xià
判天地之美，析万物之理。——《庄子·天下》

rén chuàng zào huán jìng, tóng yàng, huán jìng yě chuàng zào rén.
人创造环境，同样，环境也创造人。

mǎ kè sī ēn gé sī xuǎn jí
——《马克思恩格斯选集》

méi yǒu yí gè qīng jié měi hǎo de huán jìng, zài yōu yù de shēng huó tiáo jiàn yě wú yì yì.
没有一个清洁美好的环境，再优裕的生活条件也无意义。

qū gé píng
——曲格平

yào xiàng bǎo hù yǎn jing yí yàng bǎo hù zì rán hé shēng tài huán jìng, tuī dòng xíng chéng rén yǔ zì rán hé xié gòng shēng xīn gé jú.
要像保护眼睛一样保护自然和生态环境，推动形成人与自然和谐共生新格局。

nián yuè rì xí jìn píng zài běi jīng chū xí lǐng dǎo rén qì hòu fēng huì shí de jiǎng huà
——2021年4月22日习近平在北京出席领导人气候峰会时的讲话

nǐ zhī dào shàng miàn de zhè xiē míng yán jǐng jù shì shén me yì si ma? wǒ hái zhī dào de míng yán yǒu:
你知道上面的这些名言警句是什么意思吗？我还知道的名言有：________________________

____

____

我们在行动

xiǎo péng yǒu men liáng hǎo de xiào yuán huán jìng xū yào wǒ men gòng tóng chuàng zào yǔ
小朋友们，良好的校园环境需要我们共同创造与
wéi hù zěn yàng cái néng bǎo chí xiào yuán jié jìng měi ne ràng wǒ men yì qǐ lái
维护，怎样才能保持校园“洁净美”呢？让我们一起来
xué xí yí xià ba
学习一下吧。

yǎng chéng liáng hǎo xí guàn
养成良好习惯

bù suí dì tǔ tán bú luàn tú luàn huà bú luàn
不随地吐痰；不乱涂乱画；不乱
rēng luàn fàng lā jī dāng kàn dào dì shang yǒu lā jī
扔、乱放垃圾；当看到地上有垃圾
shí qǐng dòng yi dòng shǒu wān yi wān yāo bǎ tā jiǎn
时，请动一动手、弯一弯腰，把它捡
qǐ lái fàng rù lā jī tǒng nèi
起来放入垃圾桶内。

zūn shǒu jiào shì guī dìng
遵守教室规定

bù bǎ shí wù dài jìn jiào shì bǎo chí jiào shì dì
不把食物带进教室；保持教室地
miàn jié jìng wú zá wù zhí rì shēng àn shí qīng sǎo
面洁净，无杂物；值日生按时清扫
jiào shì wèi shēng bù liú gé yè lā jī jiāng jiào shì nèi
教室卫生，不留隔夜垃圾；将教室内
de zhuō yǐ hé kè zhuō shang de xué xí yòng pǐn bǎi fàng
的桌椅和课桌上的学习用品摆放
zhěng qí
整齐。

ài hù gōng wù
爱护公物

bú yào zài zhuō yǐ mén chuāng qiáng miàn shang
不要在桌椅、门窗、墙面上

luàn kè luàn huà ài hù xiào yuán nèi de sù jiāo pǎo dào
乱刻乱画；爱护校园内的塑胶跑道、

tǐ yù shè shī děng gōng wù
体育设施等公物。

bǎo hù lǜ sè zhí bèi
保护绿色植被

bú jiàn tà lǜ dì cǎo píng bù pān shù zhī zhāi
不践踏绿地草坪，不攀树枝、摘

huā duǒ bù fān yuè lǜ huà dài ràng wǒ men ài hù huā
花朵，不翻越绿化带，让我们爱护花

cǎo shù mù gòng jiàn lǜ sè xiào yuán
草树木，共建绿色校园。

知识链接

xiào yuán huán bǎo gē
校园环保歌

shēn shen shǒu　wān wan yāo
伸伸手，弯弯腰，

xiào yuán wèi shēng yào gǎo hǎo
校园卫生要搞好。

fèi zhǐ xiè　guā guǒ pí
废纸屑，瓜果皮，

suí shǒu luàn diū kě bú yào
随手乱丢可不要。

lā jī tǒng　duì nǐ xiào
垃圾桶，对你笑，

gǎn kuài ràng tā chī gè bǎo
赶快让它吃个饱。

fèi qì wù　bú luàn rēng
废弃物，不乱扔，

āng zāng dà jiā yǒu zé rèn
肮脏大家有责任。

jié yuē shuǐ　jié yuē diàn
节约水，节约电，

bú luàn huā diào yì fēn qián
不乱花掉一分钱。

qīng qīng shuǐ　huān lè liú
清清水，欢乐流，

suí shǒu guān diào shuǐ lóng tóu
随手关掉水龙头。

xiào yuán yuè lái yuè měi hǎo
校园越来越美好，

nǐ huān xiào lái wǒ huān tiào
你欢笑来我欢跳。

我的收获

xiǎo péng yǒu men měi wán chéng yí jiàn shì qing jiù jiǎng lì zì jǐ yì duǒ xiǎo huā ràng wǒ men yì qǐ xíng dòng qǐ lái ba

小朋友们，每完成一件事情就奖励自己一朵小花，让我们一起行动起来吧。

保持校园洁净美

	星期一	星期二	星期三	星期四	星期五	星期六	星期日
养成良好习惯							
遵守教室规定							
爱护公物							
保护绿色植被							

wǒ shì jiā wù xiǎo néng shǒu

6. 我是家务小能手

xiǎo péng yǒu men guó jiā jiào yù wǒ men láo dòng zuì guāng róng suǒ
小朋友们，国家教育我们，劳动最光荣！所
yǐ zuò wéi yì míng dāng dài xiǎo xué shēng wǒ men gèng yīng gāi rè ài láo
以，作为一名当代小学生，我们更应该热爱劳
dòng zài hàn shuǐ zhōng shí xiàn zì jǐ de jià zhí chéng wéi jiā wù láo dòng xiǎo
动，在汗水中实现自己的价值，成为家务劳动小
néng shǒu
能手。

故事在线

xiǎo wēi lì zuò jiā wù

小威利做家务

yě zhū bà ba yào dài hái zi men qù yóu lè yuán kě shì xiǎo wēi lì fēi yào dāi
野猪爸爸要带孩子们去游乐园，可是，小威利非要待
zài jiā lǐ yīn wèi tā xiǎng hé mā ma zài yì qǐ bāng mā ma zuò jiā wù
在家里，因为他想和妈妈在一起，帮妈妈做家务。

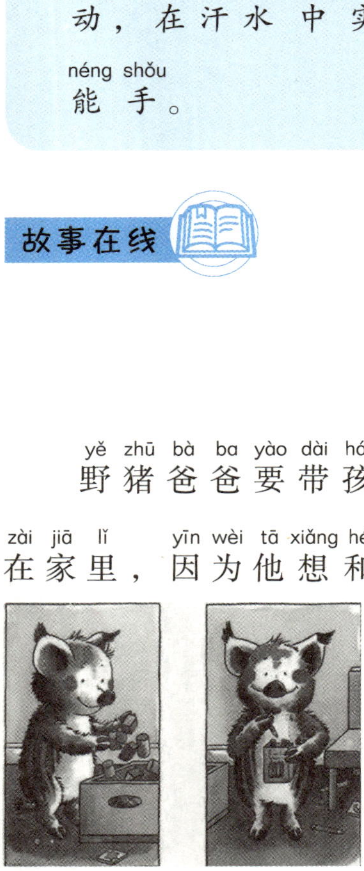

shì ya yǒu hǎo duō shì qing yào zuò ne shǒu
是呀，有好多事情要做呢！首
xiān shì zhěng lǐ fáng jiān jī mù yào fàng dào xiāng zi
先是整理房间。积木要放到箱子
lǐ cǎi sè huà bǐ yě yào fàng huí hé zi lǐ qí tā
里，彩色画笔也要放回盒子里。其他

东西就放到抽屉里吧。“收拾好了！”威利说。“威利真棒！”妈妈表扬了他。然后是晾衣服。小威利帮妈妈递夹子，先拿一个红色的夹子，再拿黄色和绿色的，最后拿蓝色的。

妈妈开始打扫卫生了，威利赶紧打开吸尘器帮忙。天啊！玩偶小猪差一点就被吸了进去。“任何人一开始都会这样的。”妈妈一边鼓励他，一边继续打扫屋子。

“宝贝，过来，我们给爸爸他们一个惊喜好不好？”妈妈说，“我们来做一个布丁，还是做一个蛋糕呢？”“葡萄干蛋糕！”威利大声地说。威利当然喜欢给大家一个惊喜！他连忙翻出妈妈的菜谱，想学一下蛋糕的做法。“面粉、糖、发酵粉、盐罐儿、葡萄干、黄油、牛奶、鸡蛋，这些统统都要用到。”妈妈说。威利把黄油舀成一个个小球，每个球的大小都要一样。

然后把配料都放进大碗

lǐ mā ma bǎ suǒ yǒu de dōng xi dōu bàn
里。妈妈把所有的东西都拌
zài le yì qǐ suí hòu biàn fàng rù jiǎo bàn
在了一起，随后便放入搅拌
jī zhōng jǐn guǎn jiǎo bàn jī de shēng yīn
机中。尽管搅拌机的声音
hěn dà dàn mā ma hái shi tīng dào diàn huà
很大，但妈妈还是听到电话
líng xiǎng le jí máng pǎo jìn fáng jiān lǐ jiē diàn huà zěn me hái bù chū lái ya
铃响了，急忙跑进房间里接电话。“怎么还不出来呀？
suàn le hái shi zì jǐ dòng shǒu zuò dàn gāo ba wēi lì biān xiǎng biān xíng dòng qǐ
算了，还是自己动手做蛋糕吧。”威利边想边行动起
lái mā ma bǎ wēi lì zuò hǎo de dàn gāo fàng jìn kǎo xiāng méi guò duō jiǔ kǎo xiāng lǐ
来。妈妈把威利做好的蛋糕放进烤箱。没过多久，烤箱里
jiù piāo chū le dàn gāo de xiāng wèi er
就飘出了蛋糕的香味儿。

dàn gāo zuò hǎo la wēi lì zài shàng miàn sǎ le hěn duō nǎi lào fěn kàn qǐ lái
蛋糕做好啦！威利在上面撒了很多奶酪粉，看起来
hǎo chī jí le jiù zài zhè ge shí hou mén kāi le wa hǎo xiāng ya bà
好吃极了。就在这个时候，门开了。“哇！好香呀！”爸
ba shuō zhè kě zhēn shì yí gè jīng xǐ ne kāi dòng lou wēi lì qīn zì wèi dà
爸说，“这可真是一个惊喜呢！”开动喽！威利亲自为大
jiā qiē dàn gāo měi zhī xiǎo yě zhū dōu fēn dào le zì jǐ xiǎng yào de nà yí kuài dà jiā
家切蛋糕。每只小野猪都分到了自己想要的那一块，大家
biān chī biān kuā zàn wēi lì zhēn bàng
边吃边夸赞威利真棒！

xiǎo péng yǒu men xiǎo yě zhū wēi lì bāng zhù mā ma zhěng lǐ fáng jiān liàng shài
小朋友们，小野猪威利帮助妈妈整理房间、晾晒
yī fu dǎ sǎo wèi shēng bìng qiě hé mā ma yì qǐ zuò dàn gāo tā zhēn shì yí gè
衣服、打扫卫生，并且和妈妈一起做蛋糕，他真是一个
jiā wù xiǎo néng shǒu wǒ men yīng gāi yǐ wēi lì wéi bǎng yàng zuò yì xiē lì suǒ néng
家务小能手。我们应该以威利为榜样，做一些力所能
jí de jiā wù huó
及的家务活。

名言伴我行

wǒ yào shì zhe bèi xià lái
我要试着背下来。

kè qín yú bāng kè jiǎn yú jiā shàng shū dà yǔ mó
克勤于邦，克俭于家。——《尚书·大禹谟》

mín shēng zài qín qín zé bú kuì
民生在勤，勤则不匮。

zuǒ zhuàn xuān gōng shí èr nián
——《左传·宣公十二年》

shào bù qín kǔ lǎo bì jiān xīn shào néng fú láo lǎo bì ān yì
少不勤苦，老必艰辛；少能服劳，老必安逸。

sòng lín bū xǐng xīn lù
——宋·林逋《省心录》

láo dòng shì shè huì zhōng měi gè rén bù kě bì miǎn de yì wù
劳动是社会中每个人不可避免的义务。

fǎ lú suō
——［法］卢梭

wǒ hái zhī dào yì xiē míng yán
我还知道一些名言：________________________

____

我们在行动

xiǎo xǐ què zào xīn fáng xiǎo mì fēng cǎi mì máng xìng fú de shēng huó cóng nǎ lǐ lái yào kào láo dòng lái chuàng zào xiǎo péng yǒu men bǎ rè ài láo dòng luò shí
“小喜鹊造新房，小蜜蜂采蜜忙，幸福的生活从哪里来？要靠劳动来创造！”小朋友们，把热爱劳动落实

dào jù tǐ xíng dòng zhōng，zhēng zuò jiā wù xiǎo néng shǒu。ràng wǒ men yì qǐ lái kàn kan
到具体行动中，争做家务小能手。让我们一起来看看

qí tā xiǎo péng yǒu dōu zuò guo nǎ xiē jiā wù huó ba。
其他小朋友都做过哪些家务活吧。

wǒ bǎ dì miàn sǎo
我把地面扫

de gān gān jìng jìng
得干干净净。

wǒ hé mā ma
我和妈妈

yì qǐ zuò jiā wù
一起做家务。

zì jǐ de yī
自己的衣

fu zì jǐ xǐ
服自己洗。

wǒ zuì xǐ huan
我最喜欢

zuò fàn la
做饭啦。

wǒ zài jiā lǐ
我在家里

hái huì
还会……

nǐ men zài jiā lǐ zuò guo nǎ xiē jiā wù huó ne
你们在家里做过哪些家务活呢？

kuài lái hé wǒ men fēn xiǎng ba
快来和我们分享吧。

知识链接

xiǎo péng yǒu gēn wǒ yì qǐ xué ér gē ba
小朋友，跟我一起学儿歌吧！

huān lè zuò jiā wù
欢乐做家务

sào bǎ tiáo zhou shǒu zhōng ná
扫把笤帚手中拿，

dì miàn wèi shēng xì xì chá
地面卫生细细查；

xiǎo xiǎo mā bù dà zuò yòng
小小抹布大作用，

zhuō miàn shū guì màn màn cā
桌面书柜慢慢擦；

sǎo dì xī chén dōu zǐ xì
扫地吸尘都仔细，

jiā lǐ shùn jiān biàn yàng la
家里瞬间变样啦！

wǒ de shì qing wǒ lái zuò
我的事情我来做，

mā ma kuā wǒ dǐng guā guā
妈妈夸我顶呱呱。

我的收获

xiǎo péng yǒu xià miàn yǒu yì zhāng jiā wù jì lù kǎ kuài lái jì lù nǐ zuò jiā wù shí
小朋友，下面有一张家务记录卡，快来记录你做家务时

de qíng kuàng ba rú guǒ mǎn yì jiù jiǎng lì zì jǐ yí miàn xiǎo hóng qí bǐ yi bǐ shéi
的情况吧。如果满意就奖励自己一面小红旗。比一比谁

de xiǎo hóng qí zuì duō
的小红旗最多。

项目	满意值	意外情况	难度	备注
洗碗		碗碎了	☆☆☆	不打碎餐具
洗自己的衣物		洗破了	☆☆	不用洗衣机
拖地				
刷鞋				

获得红旗数量：________________

zhù yì ān quán bié dà yi
7. 注意安全别大意

ān quán qiān dòng wàn rén xīn píng ān xìng fú nǐ wǒ tā xiǎo péng yǒu
“安全牵动万人心，平安幸福你我他”。小朋友

men zài ān quán de wèn tí shang wǒ men bì xū yào shù lì gāo dù de ān quán yì
们，在安全的问题上，我们必须要树立高度的安全意

shí fáng fàn zài xiān jǐng tì zài qián rén rén jiǎng ān quán shí shí jiǎng ān quán
识，防范在先、警惕在前，人人讲安全，时时讲安全，

shì shì jiǎng ān quán
事事讲安全。

故事在线

bǎi niǎo guó de jiāo tōng ān quán
百鸟国的交通安全

bǎi niǎo guó de jū mín dāng rán shì gè zhǒng gè yàng de niǎo le tā men zài zhè lǐ
百鸟国的居民当然是各种各样的鸟了。他们在这里

shēng huó de kuài lè yòu zì zai xiǎng qù nǎ lǐ jiù qù nǎ lǐ zhǐ yào sōu de yí
生活得快乐又自在，想去哪里就去哪里，只要“嗖”地一

xià jiù mǎ shàng fēi zǒu le dàn zuì jìn bǎi niǎo guó chū
下就马上飞走了。但最近百鸟国出

xiàn le yí jiàn dà shì qing píng jìng yòu kuài lè de shēng
现了一件大事情，平静又快乐的生

huó bèi dǎ pò le
活被打破了。

shì qing shì zhè yàng de zài bái lù xiān sheng shēng
事情是这样的：在白鹭先生生

日那天，因为喝了不少甜美的葡萄酒，在飞回家的路上，醉醺醺的他不小心撞伤了正在练习飞行的麻雀宝宝。

这可是百鸟国有史以来从没出现过的事情。苍鹰国王赶紧召开全员大会，商议以后该怎样避免类似的安全事故。

嘴快的小燕子抢先发言："我认为有必要制定交通规则，就像人类那样……"小燕子的话还没说完，乌鸦就打断了她："没错，人类酒驾可是违法的，我们鸟类酒后也应该禁止在空中飞行。"他们的话音刚落，大家就纷纷讨论了起来。丹顶鹤是苍鹰国王的秘书，她一字不漏地记录着会议内容。在她的督促下，啄木鸟和斑鸠等鸟儿也补充了不少规则。比如在居民密集的飞行区不能超速飞行等。最后，大家一致认为，交通规则必须要马上制定并实施。

很快，苍鹰国王在百鸟广场公布了百鸟国的第一条交通安全法规，并宣布从即日起开始执行，所有居民都必须严格遵守。苍鹰国王还任命鸽子、燕子、乌鸦为

kōng zhōng jiāo jǐng, shí kè jiān dū bǎi niǎo guó de jiāo tōng ān quán. zhè yí cì, suǒ yǒu niǎo er dōu gǎn shòu dào le zūn shǒu jiāo tōng guī zé de zhòng yào xìng, kāi shǐ zì jué zūn shǒu bìng nǔ lì xuān chuán jiāo tōng guī zé.

空中交警，时刻监督百鸟国的交通安全。这一次，所有鸟儿都感受到了遵守交通规则的重要性，开始自觉遵守并努力宣传交通规则。

bù jiǔ, cāng yīng guó wáng zài bǎi niǎo guǎng chǎng fā bù le yì tiáo zuì xīn gōng gào: rú guǒ nǐ shì yí gè zūn shǒu jiāo tōng guī zé de rén, huān yíng nǐ lái zuò kè!

不久，苍鹰国王在百鸟广场发布了一条最新公告：如果你是一个遵守交通规则的人，欢迎你来做客！

xiǎo péng yǒu men, zài wǒ men de rì cháng shēng huó zhōng, bù jǐn yào zhù yì jiāo tōng ān quán, hái yào zhù yì qí tā fāng miàn de ān quán.

小朋友们，在我们的日常生活中，不仅要注意交通安全，还要注意其他方面的安全。

名言伴我行

wǒ yào shì zhe bèi xià lái.

我要试着背下来。

ān wēi xiāng yì, huò fú xiāng shēng, huǎn jí xiāng mó, jù sàn yǐ chéng.

安危相易，祸福相生，缓急相摩，聚散以成。

zhuāng zǐ · zé yáng

——《庄子·则阳》

míng zhě yuǎn jiàn yú wèi méng, ér zhì zhě bì wēi yú wú xíng.

明者远见于未萌，而智者避危于无形。

xī hàn · sī mǎ xiàng rú 《shàng shū jiàn liè》

——西汉·司马相如《上书谏猎》

huàn shēng yú suǒ hū, huò qǐ yú xì wēi.

患生于所忽，祸起于细微。

xī hàn · liú xiàng 《shuō yuàn · jìng shèn》

——西汉·刘向《说苑·敬慎》

ān bú wàng wēi　shèng bì lǜ shuāi
安不忘危，盛必虑衰。

dōng hàn　bān gù　hàn shū　chén tāng zhuàn
——东汉·班固《汉书·陈汤传》

wǒ hái zhī dào yì xiē míng yán
我还知道一些名言：________________

____

____

我们在行动

xiǎo péng yǒu men　ān quán wú xiǎo shì　zài shēng huó zhōng wǒ men yīng gāi zhù yì nǎ xiē ān quán?　rú hé cái néng fáng zhǐ wēi xiǎn de fā shēng ne?　ràng wǒ men tōng guò ān quán xiǎo kǒu jué yì qǐ lái kàn kan ba
小朋友们，安全无小事，在生活中我们应该注意哪些安全？如何才能防止危险的发生呢？让我们通过安全小口诀一起来看看吧。

guò jiē yào zǒu rén xíng dào
过街要走人行道，

jiāo tōng guī zé jì xīn jiān
交通规则记心间。

chéng chē jì hǎo ān quán dài
乘车系好安全带，

tóu shǒu bù chū chē chuāng wài
头手不出车窗外。